Klaus Meier-Ude (Fotos)
Fred Kickhefel (Text)

KINDHEIT
IN DER STADT

IN DEN 50ER JAHREN

Wartberg Verlag

2. Auflage 1997

Umschlaggestaltung: Norbert Städele
Druck: Bernecker, Melsungen
Buchbinderische Verarbeitung: Hollmann, Darmstadt

34281 Gudensberg-Gleichen, Im Wiesental 1
Tel.: 05603/4451 u. 2030
ISBN 3-86134-315-0

Vorwort

Sie sind so alt wie diese Republik, die Kinder der 50er Jahre, manche auch ein bißchen älter. Kindern vor ihnen, denen der 30er und 40er Jahre, hatte man die Kindheit gestohlen, sie wurden nationalsozialistisch indoktriniert, sie erlebten Nächte im Luftschutzkeller, Vertreibung und Flucht, sie waren Flakhelfer und oft noch blutjunge Soldaten. Die Kinder der 50er Jahre waren vom Erleben des Kriegs verschont worden – aber indirekt betraf er sie doch. Viele lernten ihren Vater, der spät aus der Gefangenschaft kam, als Fremden kennen, viele mußten ganz ohne Vater aufwachsen. Aber sie hatten eine Kindheit, wie sie andere Generationen so nicht kennen. Eine Kindheit, die schon museal ist: Im Museum der Geschichte der Bundesrepublik Deutschland in Bonn kann man sie besichtigen.

Der Weg der Bundesrepublik und ihrer Kinder führte von den Entbehrungen und Provisorien der Nachkriegszeit zum Wiederaufbau, zum „Wirtschaftswunder", mit einer euphorischen Aufbruchsstimmung, die nur gelegentlich durch Angstschübe getrübt wurde: Immer dann, wenn das Erreichte in Gefahr schien, wenn Korea-Krieg, Suez-Krise oder Ungarn-Aufstand einen globalen Atomkrieg heraufbeschworen.

Es war die Zeit des „Kalten Krieges", die Zeit, in der es störenderweise noch ein anderes Deutschland gab, eines, das gemeinhin als „SBZ" (sowjetisch besetzte Zone) oder gar als „Phänomen" bezeichnet wurde. Die Kindheit in der jungen Bundesrepublik war auch eine Kindheit mit dieser DDR. Da wurden blaue Kerzen in den Schulen verkauft, die man für „die Brüder und Schwestern im Osten" in die Fenster stellte, da packte die Mutter regelmäßig das „Päckchen nach drüben"; scheinbar vergeblich, denn die 50er Jahre waren gerade erst zuende, da wurde in Berlin die Mauer gebaut. Ist jemand vom 9. November 1989 mehr überrascht worden, als diese Kinder der 50er Jahre, von denen viele nun schon Eltern waren? Denn die Erfahrungen der Kindheit scheinen unveränderbar und die DDR war eine solche Erfahrung.

Die Kindheit der 50er Jahre ging in die Jugend der 60er Jahre über, ohne erkennbaren Übergang. Gewiß, der Lebensstandard hatte sich kontinuierlich erhöht, an ihm hatten schließlich auch die Kinder ihren Anteil. Die Kleidung wurde besser und modischer, die Spielsachen wurden raffinierter. Und doch: Der äußere Rahmen war derselbe. Die Kindheit der Bundesrepublik war die „Adenauer-Ära" – und sie sollte bis 1963 dauern, bis der greise Kanzler, nach mehreren Anläufen, sein Amt aufgab – um seinen Nachfolger den zweitwichtigsten Mann dieser 50er Jahre zu berufen, den „Vater des Wirtschaftswunders", Ludwig Ehrhard. Die 50er Jahre: Eine Zeit des ständigen Wachstums – und eine Zeit der Stagnation. Nicht umsonst gewann Adenauer seine Wahlen mit dem Slogan „keine Experimente!", der viele Erwachsene ansprach. Zu groß war ihre Angst, noch einmal alles zu verlieren.

So wurde auch gleich die Vergangenheit verdrängt, in manchen Schulen und Elternhäuser und oft auch in der Öffentlichkeit war das Thema Nationalsozialismus ein Tabu. Mit dieser Verdrängung einher ging eine Prüderie, die gerade Kinder in der Pubertät als besonders schlimm empfanden. Das war die Zeit, in der eine Illustrierte konfisziert wurde, weil das Titelmädchen einen allzu knappen Bikini trug, die Zeit, in der ein Film mit einem blanken Busen einen Skandal heraufbeschwor – und der dann unweigerlich erst für Jugendliche ab 18 Jahren freigegeben wurde. Es war auch die Zeit eines starken kulturellen Fremdeinflusses. Amerikanische Comics und Zeichentrickfilme waren etwas neues, faszinierendes; aus dem Radio erklangen dank der Soldatensender unerhörte Töne: Jazz und Rock and Roll. (Ende der 50er Jahre tauchte dann ein gewisser Schütze Elvis Presley leibhaftig in Deutschland als „Besatzer" auf). Die Amerikahäuser erfreuten sich großen Zulaufs. – Als die Kinder der 50er Jahre großgeworden waren, erfreuten sich die Amerikahäuser und andere US-Einrichtungen erneut großen Zulaufs, aber einer anderen Art: Nun kamen sie als Demonstranten gegen den Vietnam-Krieg; denn die Kinder der 50er Jahre waren die jungen Erwachsenen von 1968...

Von diesen Kindern der 50er Jahre also berichtet dieser Bildband. Der Fotograf Klaus Meier-Ude, Jahrgang 1927, hat Augenblicke dieser Kindheit, und damit dieser Republik, mit der Kamera festgehalten. Dabei hat er nur selten aktuelle Tagesereignisse abgelichtet. Denn Meier-Ude, wiewohl langjähriger freier Mitarbeiter von „Frankfurter Rundschau", „Frankfurter Allgemeine Zeitung" und „Frankfurter Neue Presse", hat sich nie als „rasender Reporter", sondern stets als Chronist verstanden – der nicht zuletzt auch für das Frankfurter Stadtarchiv fotografiert. „Ich hatte keinen Spaß daran, dorthin zu gehen, wo schon hundert andere Fotografen waren", sagt er heute. So sind seine Fotos – aus Lübeck, Hamburg, Berlin und vor allem Frankfurt – zwar historische Dokumente, aber auch Momentaufnahmen, die keinen Anspruch auf Vollständigkeit erheben wollen.

Der Leser, der die 50er Jahre als Kind miterlebt hat, mag sich auf manchem Bild wiederfinden, der jüngere Leser mag einen Eindruck von der Kindheit seiner Eltern bekommen. Der Autor der Bildtexte jedenfalls, Jahrgang 1946, findet sich auf vielen Bildern wieder. Da ist die typische Kleidung dieser Jahre, da sind die Trümmergrundstücke im Hintergrund, da ist die erste Begegnung mit dem Phänomen Fernsehen. Die Texte wollen nur einen subjektiven Eindruck vermitteln. Andere Kinder der 50er Jahre mögen in anderen Städten – und in anderen „Besatzungszonen" – andere Erfahrungen gemacht haben.

Wir sind noch einmal davongekommen. Mit den 50er Jahren war die Nachkriegszeit zu Ende – die eine Vorkriegszeit war, denn 1950 gab es schon wieder einen internationalen Krieg, in Korea. Wenn auch deutsche Soldaten nicht daran beteiligt sein konnten, hatten die Erwachsenen Angst, nicht zuletzt vor einem globalen Atomkrieg – eine Angst, die sich auch auf die Kinder übertrug. Ansonsten war unverkennbar, daß es wieder

aufwärts ging. Zum steigenden Lebensstandard gehörte amerikanisches Konsumgut, etwa Cola-Getränke. Um ehrlich zu sein: Vor diesem Wohnhaus stand keine Pepsi-Flasche, bevor der Fotograf sie für eine Werbeserie postierte…

Das Traumfahrzeug für Kinder: der Tretroller mit Ballonreifen. Gab es zunächst Roller mit Holzgestell und gummiüberzogenen Holzrädern, so war das Objekt der Begehrlichkeit Anfang der 50er Jahre der Roller mit Metallgestell und dicken Reifen. Es gab sie als einfache Tretroller oder als Wipp-Roller. Da wurde dann auch ein ehemaliges Löschwasserbecken aus dem Krieg (*oben*) zur Steilwandbahn. Der Roller-Pilot, der etwas auf sich hielt, trug dazu ein hochmodisches Kleidungsstück, den „Lumber-Jack", benannt nach einer Jacke, wie sie angeblich amerikanische Holzfäller trugen. Auf Mode freilich mußten viele Kinder verzichten – umgearbeitete Erwachsenen-Klamotten *(rechts)* taten es auch.

Kirchliche Ereignisse hatten einen hohen Stellen- und Unterhaltungswert: Der Besuch des Doms, wie hier in Lübeck, mit der Großmutter, die Fronleichnamsprozession. Für die Mädchen war es etwas besonderes, schön herausgeputzt im Mittelpunkt zu stehen, für die Jungen war die Technik interessanter: Das Treten des Blasebalgs für die Orgel machte Spaß – zumindest, solange es nicht in regelmäßige Arbeit auszuarten drohte.

Wo kein Fernsehen die freien Stunden nach der Schule verkürzte, mußten andere Ereignisse für Unterhaltung sorgen. Da kam etwa regelmäßig der Scherenschleifer und schärfte Scheren und Messer; der Eismann brachte keine Tiefkühlkost, sondern – mit dem Pferdefuhrwerk – Stangeneis, das dann mit einem Eispickel zertrümmert und oben in den Eisschrank gefüllt wurde. Am nächsten Tag war nur noch Wasser im Auffangbehälter des Schranks und die Prozedur begann von neuem. Polizei- und Feuerwehreinsätze ersetzten den Fernseh-Krimi. Da wurde auch die Rettung eines Kätzchens, das sich im Baum verstiegen hatte, zum Erlebnis.

Spielzeugkauf war Weihnachten oder Geburtstagen vorbehalten, da mußte man sich seinen Drachen schon selber basteln. Gefaltete Papierstreifen sorgten für gute Flugeigenschaften. Typisch für die Zeit waren die aufgekrempelten Hemdsärmel: Das gleiche Hemd mußte meist Sommers wie Winters dienen.

Noch lange wohnten Menschen in den provisorisch hergerichteten Trümmerhäusern der zerbombten Städte, trotz des Baubooms der 50er Jahre. Was für die Erwachsenen eine Notsituation war, erlebten die Kinder oft als Bereicherung: Trümmergrundstücke waren Abenteuerspielplätze – zum Schrecken der Eltern, die von der Gefahr der Blindgänger wußten. Spaß machte auch die Jagd auf die dicken Trümmer-Ratten; unter manchem zusammengestürzten Haus waren Menschen im Luftschutzkeller verschüttet worden, die man nicht mehr geborgen hatte – Wer den Krieg mit heiler Haut und mit heilem Haus überlebt hatte, gehörte zu den Privilegierten; da war Hausputz Ehrensache *(rechts)*. Die VIM-Dose würde man heute als „product-placement" bezeichnen, aber sie stand wirklich da.

VIM

Rollschuhfahren, zweiklassig. Viele Kinder mußten sich mit den alten Metallrollern begnügen, die über die Schuhe geschnallt wurden, glücklichere hatten schon die Rollschuhe mit integrierten Schnürschuhen. Das waren meist angehende Rollschuhsportler, die in Vereinen trainierten. Auf der Rollschuhbahn links, am Frankfurter Mainufer, begann auch die Karriere einer späteren „Eisprinzessin", Marika Kilius.

Viele Schulen hatten den Krieg überstanden, neue wurden im schnellen Wiederaufbaustil der 50er Jahre erbaut. Die Kinder der Nachkriegsgeneration gehörten zu den geburtenschwachen Jahrgängen. Schulraumnot war kein großes Problem. Die Schulen wurden auch ständig besser ausgestattet, wie etwa mit Dampfmaschinen für den Physikunterricht (kleines Foto). „Buchsbaum-Veranstaltungen“ würzten den Schulalltag, wie etwa 1956 die Feier zur „Heimkehr“ des Saarlandes. Das große Foto entstand 1954 in Frankfurt nach der Neueinfassung des Grabes von Goethes Mutter Aja, das im Krieg beschädigt worden war. Der alte Petersfriedhof grenzt an die Lieb-

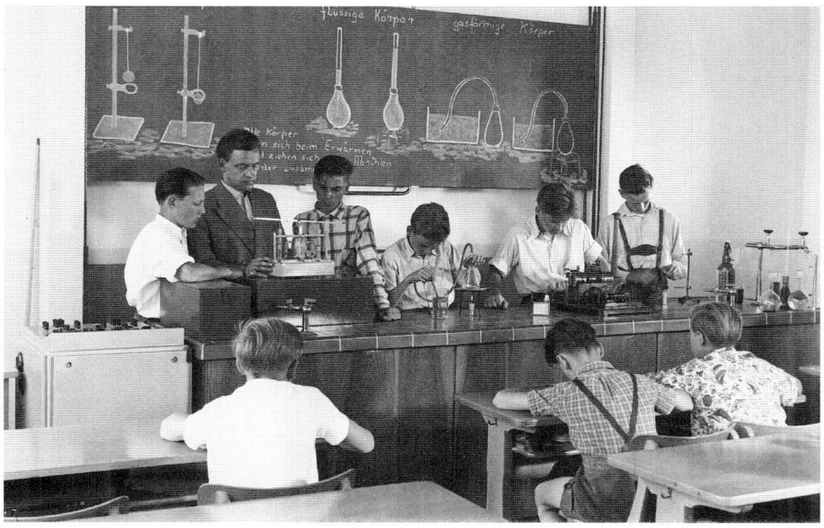

frauenschule. In der Bildmitte der schwergewichtige, glatzköpfige Oberbürgermeister Walter Kolb, eine der markanten Politiker-Gestalten der 50er. Den Schulkindern wurden bei solchen Veranstaltungen die schweren, schweinsledernen Schulranzen nicht leichter…

Erster Schultag – da war er also nun, der von den Erwachsenen vielbeschworene „Ernst des Lebens", den die obligatorische Zuckertüte versüßen sollte. Die ersten Klassen der Volksschulen hatten täglich nur wenige Stunden Unterricht, weil viele Kinder der Nachkriegs- und Währungsreformzeit schwächlich waren und Lernschwierigkeiten hatten. An Audivision und Multimedia noch kein Gedanke – da war eine akkordeonspielende Lehrerin schon eine Bereicherung des Unterrichts.

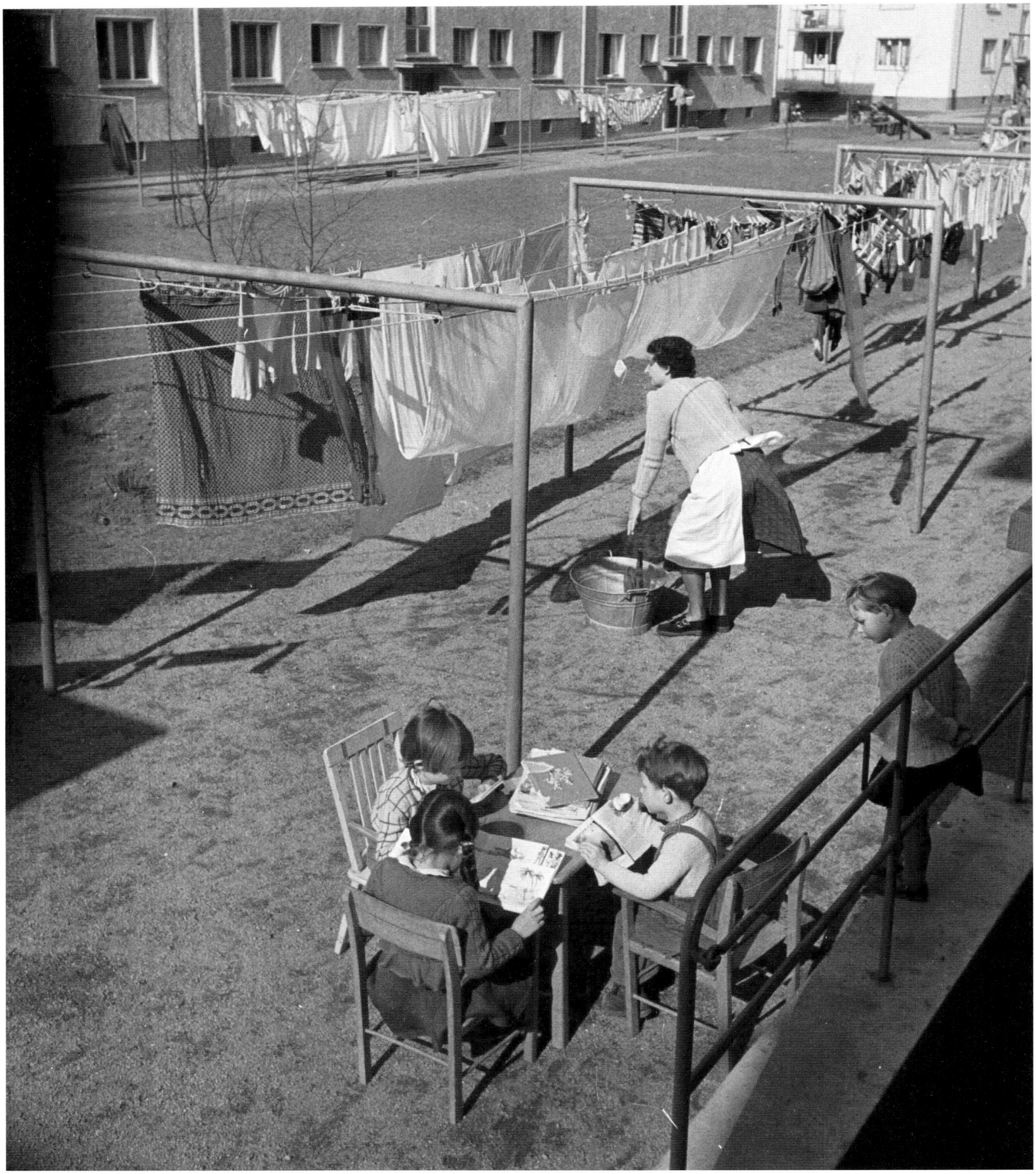

Elektrischer Kühlschrank, Spülmaschine, Waschmaschine? Solche Utopien kannte man allenfalls aus Hollywood-Filmen. (Groß)Mutters Waschtag war ein familiäres Ereignis. Die Wäsche wurde in der Waschküche im Keller der Mietshäuser in einem großen Kessel gekocht – so vorhanden, tat es auch die Badewanne in der Wohnung – und bei entsprechendem Wetter im Hinterhof zum Trocknen aufgehängt.

DAS GEHEIMNIS DER ROTEN
JENKINS
Cowboy
ROMAN

Den meisten Erwachsenen war sie ein Dorn im Auge: die „Schmutz- und Schundliteratur“, an der natürlich die (amerikanischen) Besatzer schuld waren. Ganz oben auf der Hitliste standen die Wild-West-Romane, die man aus zweiter Hand für Pfennig-Beträge bekam. Einen ebenso hohen Stellenwert hatten die Comics. Da gab es nicht nur Micky Maus & Donald Duck oder Felix, der Kater – später kamen Rolf Kaukas deutsche Antworten auf Walt Disney, Fix & Foxi und Lupo, hinzu, sondern auch Abenteuer-Comics wie Akim, Tarzan, Sigurd, Phantom, und wie die gezeichneten Helden noch alle heißen mochten. Viele Eltern waren überzeugt davon, daß die Bildergeschichten den Analphabetismus förderten und verboten ihren Sprößlingen die Lektüre – vergeblich. Man bunkerte seine Schätze halt einfach bei einem Freund, dessen Eltern eine liberalere Haltung vertraten. Da konnte es dann schon passieren, daß man den Vater abends bei der „Schund“-Lektüre überraschte...

Auch Spielzeug war zunächst Mangelware. Das förderte die Kreativität. Aus Papier entstanden Schiffchen, Backsteine, die es in den Trümmern ja genügend gab, wurden zu Autos, Mutters alter Filzhut, die Krempe in Fransen geschnitten, war der ideale Cowboyhut. Eine Art hölzernes Paddel, mit dem die Wäsche im Bottich umgerührt wurde, konnte man zum Gewehr umfunktionieren: Die Paddelfläche war der Kolben, der Griff der Lauf. So ließ sich in den Trümmergrundstücken schön Krieg spielen. Die Erwachsenen sahen es mit Schrecken, zumal die Diskussion um Wiederbewaffnung, Wehrpflicht und Aufstellung der Bundeswehr (1954/55) die Gemüter der Nation erhitzte.

Später wurde das selbstgebastelte Spielzeug dank entsprechender Anleitung hochwertiger. Ganze Flotten entstanden aus dem leichten, leicht zu bearbeitenden Balsaholz: Wikinger-Schiffe, „Kontiki"-Modelle, Segelboote – und bald war auch schon das eine oder andere Schiff der Großdeutschen Kriegsmarine dabei…

Der Film, ein Traum. Fernsehen war zu Beginn des Jahrzehnts noch ein Fremdwort, Spielfilm **das** Medienereignis, vor allem der aus Hollywood. Die deutsche Filmproduktion lief auch schon wieder, bescherte erst den Heimatfilm und später die beliebte Edgar-Wallace-Serie. Daneben gab es Werke, die sich kritisch mit der Nazizeit auseinandersetzten, und solche, die das Wirtschaftswunder persiflierten. Kino für jüngere Kinder freilich gab es kaum, von Märchen- oder Kulturfilmen abgesehen. Die Altersstaffelung lag bei 12, 16 und 18 Jahren,

wobei sich die ganze Prüderie der Adenauer-Ära zeigte: War in einem Film auch nur eine Frau in Dessous zu sehen, wurde er erst für über 18jährige zugelassen. Ausnahmen waren etwa die Verfilmungen der Kinderbücher von Erich Kästner wie „Das doppelte Lottchen“, zu dessen Premiere man Zwillinge aus der ganzen Bundesrepublik eingeladen hatte.

Wenig Kino, kein Fernsehen, aber es gab andere Medienereignisse: Das gute alte Kasperletheater war ein Hit. Die Puppentheater gastierten auf öffentlichen Plätzen, kamen auch in die Kindergärten und Schulen. Die Wechselbeziehung zwischen Schauspielern und Publikum war hervorragend: Wenn der böse Räuber sich von hinten ans Kasperle anschlich, schrie das ganze Publikum. Diesen Effekt sollte in den späteren Jahren das Fernsehen nutzen – auch auf dem Bildschirm gab es in der Kinderstunde oft Kasperle-Theater.

Modewellen schwappten – wie sollte es anders sein – aus Amerika herüber. Da gab es dieses Holzding, das vom Finger auf einer Schnur abrollte und sich „Jo-jo" nannte. Bald jonglierten alle Kinder damit, probierten immer neue Figuren aus und töteten den Erwachsenen den Nerv. Amerikanische Jo-jo-Meister gastierten, oft auf Einladung der Kaufhäuser, die das Spielzeug verkauften, und zeigten die tollsten Tricks. Wie das bei Moden so ist: Der Spuk verschwand so schnell, wie er gekommen war.

Eines der beherrschenden Themen dieses Jahrzehnts war die Wohnraumnot. In die zerbombten Städte waren nach dem Krieg hunderttausende von Vertriebenen und Flüchtlingen gekommen; später folgten Menschen aus der DDR. Viele Familien mußten sich ihre Wohnung teilen. In jedem Raum einer 4-5-Zimmerwohnung lebten Vater, Mutter, Kinder, oft in einer „Wohnküche“. Das Bad war Gemeinschaftsraum. Den Kindern blieb bei diesen Verhältnissen oft nur die Straßenbank für die Schularbeiten – wenn es das Wetter erlaubte. Eine Situation, die ausgesprochen familienfreundlich war: Wer Verwandte hatte, die in großzügigeren Wohnverhältnissen lebten, etwa auf dem Lande, der machte oft Besuche.

HH

Manchmal konnte man einem ganz besonderen Ereignis beiwohnen, wie etwa der Sonnenfinsternis vom 30. Juli 1954: Tagelang hatten sich die Kinder, gewarnt vor der Gefährlichkeit des direkten Blickes in die Sonne, vorbereitet, in dem sie Löcher in schwarzen Karton stachen, grünes Flaschenglas verwendeten oder weißes Glas über dem Ruß einer Kerze einschwärzten.
Für die Kinder, die in beengten Wohnverhältnissen der Städte wohnten, waren Ferien- und Landschulheime ein wichtiger Erholungsort. Das Gemeinschaftserlebnis war nicht immer die reinste Idylle, brachte aber auch viel Spaß. Sport, Musizieren, Schnitzeljagd und Nachtwanderung verkürzten den Aufenthalt.

Viele Schwimmbäder waren im Krieg zerstört oder als Löschwasserteiche zweckentfremdet worden, mußten renoviert oder neu gebaut werden. Zum Ausgleich gab es viele öffentliche Wasserstellen und Brunnen, in denen man baden durfte. In den kleineren Flüssen, die nicht von Industrie oder Schiffahrt verschmutzt waren, konnte man unbedenklich schwimmen. In manchem heißen Sommer – etwa 1953 und 1957 – wurde im niedrigen Wasser des Flusses das Bad dann zum Schlammbad *(rechts)*.

Nimm mich mit, Kapitän, auf die Reise: Vom Fliegen wagte keiner auch nur zu träumen; wer in Frankfurt oder einer anderen Stadt mit einem großen Flughafen aufwuchs, der konnte von der Besucherterrasse aus die Riesenvögel mit ihrem fast unerträglichen Propellerlärm und Benzingestank aus nächster Nähe erleben; wenn ein zweistöckiges Großraumflugzeug vom Typ „Globemaster" zum Start rollte, mußte man das Geschirr festhalten. Objekte des Fernwehs waren, je nach Wohnort, Seeschiffe, Flußschiffe – und vor allem die Bahnhöfe, wo vor der Elek-

trifizierung die Dampflokomotiven schnauften. Der Fortschritt freilich war unaufhaltsam. Wenn die Eltern sich diesen Luxus leisten konnten, durfte auch schon Baby fliegen. – Ein Dutzend Jahre später wird Baby, wie Millionen anderer deutscher Touristen, in die große weite Welt düsen…

„Stubenhocken“ war out! Die Freizeit der Kinder spielte sich, nicht nur zur schönen Jahreszeit, weitgehend draußen ab. Das lag einerseits an den Wohnverhältnissen, denen auch viele Erwachsene möglichst oft entflohen (die Kneipen waren allabendlich voll), andererseits am Mangel an anderen Zerstreuungen wie Fernsehen oder mechanischen Spielsachen. Die Kinder der 50er hatten vergleichsweise viel Freizeit; die Schule dauerte meist nur bis 13 Uhr, Hausaufgaben waren schnell gemacht. Über „Ganztagsschule“ wurde zwar diskutiert, die Einführung scheiterte aber lange an fehlenden Lehrkräften oder ungeeignetem Schulraum. Ein Schlagwort dieser Zeit war das „Schlüsselkind“: Viele Mütter arbeiteten – es war die Zeit der „Vollbeschäftigung“ und der Anwerbung von „Gastarbeitern“! Sie taten dies zunächst, um mitzuhelfen, den Lebensunterhalt der Familie zu sichern, später, damit man am steigenden Lebensstandard des „Wirtschaftswunders“ teilhaben konnte. So hatten viele Schulkinder einen Hausschlüssel, waren nach der Schule auf sich allein gestellt, bis die Eltern von der Arbeit nach Hause kamen. Der stehende Junge rechts im Bild trägt ein typisches Kleidungsstück der 50er Jahre, einen „Nikki“. Diesen plüschigen Baumwollpullover gab es in den gräßlichsten Farben, von tintenblau bis brombeerfleckenrosa…

Kinderspiele. Ein Fotoapparat stand selten zur Verfügung, da konnte man schon öfter „Faden abnehmen“. Besonders beliebt waren die Kügelchen, die man in Frankfurt „Klicker“, in Berlin „Murmeln“ nannte. Zunächst waren sie aus farbigem Ton, später aus Glas, mit buntem Innenleben. Eine kleine Grube im Boden gegraben – der damals noch nicht überall „versiegelt“ war – und schon konnte das Geschicklichkeits-Geschubse losgehen. – Boccia en miniature…

Wunder der Technik, Wunder des Wirtschaftswunders. Die Waage gewann wieder an Gewicht, denn die 50er brachten die „Freßwelle“. Was man in und nach dem Krieg entbehrt hatte, wurde jetzt in doppelten Portionen konsumiert. Bis jeder Haushalt ein Telefon hatte, sollten noch Jahre vergehen: Immerhin wurden in den Großstädten die fünfstelligen Telefonnummern durch sechsstellige ersetzt. Fernsehen war noch ein Gemeinschaftserlebnis, wie hier im Caféhaus, besonders, wenn es weltgeschichtlichen Höhepunkten beizuwohnen galt: Am 2. Juni 1953 wurde die Krönung von Queen Elizabeth II. übertragen. Es war ein schwarz-weißes Geflimmer auf winzigen Bildschirmen – aber es war Fernsehen.

Wirtschaftswunder pur: Die großen Kaufhäuser waren immer besser gefüllt und lockten Zehntausende an, viele zunächst nur als „Sehleute". Für Kinder war natürlich die Spielzeugabteilung das Hauptziel; aber es machte auch einfach Spaß, nach der Schule ein Stündchen „Rolltreppefahren" zu gehen.

Die Kinderkleidung wurde besser, modischer – und vor allem bei Schuhen gesünder. Kinderfüße wurden vermessen, auf den richtigen Spielraum kam es an. Ganz moderne Schuhgeschäfte gingen dabei soweit, den Fuß im Schuh auf einem Röntgenschirm darzustellen!

Freizeitvergnügungen. Auch ohne Auto konnte man einen Familienausflug – wie hier in Berlin – „in't Jrüne" unternehmen, Freiluft war „in". Während Mama strickte und Papa Zeitung las, konnten sich die Kleinen an der Kritzeltafel entfalten. Das Wirtschaftswunder brachte mehr Arbeit, mehr Geld, mehr Lebensstandard – und auch mehr Freizeit. Arbeitszeitverkürzung stand bald auf dem Wunschzettel der Gewerkschaften: Mit dem Slogan „samstags gehört Vati mir" wurde die Fünftagewoche erkämpft.

Körperertüchtigung. Das Spiel- und Sportgerät in vielen Schulen stammte noch aus Großen Zeiten, wie etwa die hölzernen Gymnastikreifen, an denen sich die Mädchen üben durften; „Glaube und Schönheit“ hatte das noch vor nicht allzu langer Zeit geheißen… Unterdessen warfen die Jungs auch schon mal mit Attrappen von Stiel-Handgranaten, wie sie die Wehrmacht verwendet hatte. Eine weitere Modewelle aus Amerika, nach dem Jo-jo, war der „Hoola-Hop“-Reifen, der auf hunderttausenden von Kinderhüften kreiste. Das Gerät, anfänglich noch für einige Mark pro Stück verkauft, war ein Pfennig-Abfallprodukt der zunehmenden Plastikindustrie, die den Markt überschwemmte. Ganze Küchen wurden von Holzgerätschaften befreit, um Platz für buntes Plastikzeug zu machen. Vor allem die Großelterngeneration erlag der Faszination des bis dato unbekannten Materials; da wurden auch schon mal echte Holzwände mit Plastikfolie in Holzmaserung überklebt…

11

Nach der „Freßwelle“ kam die „Reisewelle“, vornehmlich mit dem Ziel Italien. Dazu brauchte man möglichst ein eigenes Auto und war es auch noch so klein. Die Internationale Automobilausstellung in Frankfurt *(oben und links)* war eine Art Kult-Veranstaltung. Wer sich einen Ford Taunus *(kleines Bild)* nicht leisten konnte – und das war die große Mehrheit – kaufte fahrbare Untersätze wie den Lloyd – als „Leukoplastbomber“ in die Geschichte eingegangen, das Goggomobil, das Fuldamobil oder *(rechts)* die BMW-Isetta, der Alptraum jedes heutigen TÜV-Ingenieurs. Das zweisitzige Gefährt, dessen Front die Einstiegstür war, an der Volant und Pedale hingen, hatte 250 ccm, vier Zylinder und eine Spitze von 95 km/h. Rund 160.000 Exemplare wurden für 2.850 Mark verkauft. Das Stoffschiebedach war obligatorisch: Es diente bei einem Auffahrunfall als Notausstiegsluke…

Mit der zunehmenden Motorisierung stieg auch die Gefährdung der Kinder. Verkehrsunterricht mit praktischen Unfallbeispielen fand an den Schulen oder in „Jugendverkehrsgärten“ statt. Wie schnell aus dem Spiel bitterer Ernst werden konnte, bewies die Unfallstatistik. An Verkehrsschwerpunkten für Kinder, wie an Schulwegen, gab es bald die „Schülerlotsen“, ältere Kinder oder Erwachsene – auch die meist älter, denn die jüngeren mußten die Wirtschaft ankurbeln.

Jugendverkeh
1
3
2
3

MECHANIKUS

Vor allem in der Vorweihnachtszeit quollen die Schaufenster der Spielzeugläden über. Mit der zunehmenden Kaufkraft wurden auch die Kinderzimmer gefüllt. Vor allem die Raketen- und Flugzeugtechnik begeisterte die Jungen. Auch die Frankfurter Buchmesse stand da nicht zurück und präsentierte Modellbaubogen aus Papier. Dieser und der Holzmodellbau fiel jedoch schnell dem Plastikzeitalter zum Opfer. Ganze Städte für die Elektrische Eisenbahn, Schiffe, Flugzeuge und Autos wurden aus vorgefertigten Plastikteilen zusammengeklebt.

Schon in den 50er Jahren wurde über Klimaveränderung diskutiert – unter dem Motto „die Atomversuche verschlechtern das Wetter“. Doch auch dieses Jahrzehnt hatte kein anderes Wetter als die vorhergegangenen: Heiße Sommer, kalte und schneereiche Winter, wurden abgelöst von verregneten Sommern und milden Wintern. Da fand der Skiunterricht mangels Weißer Pracht dann eben als Trockenkurs auf der Parkwiese statt. – Prost Neujahr, 1954! Vor den Trümmern eines zerbombten Hauses zünden Kinder am Silvestertag 1953 in Frankfurt Feuerwerkskörper. Ein Jahr der Hoffnung? Konrad Adenauer hatte seinen ersten Bundestagswahlkampf als Kanzler gewonnen; der Sowjet-Diktator Josef Stalin war im März gestorben; in Korea schwiegen die Waffen. – Und in derselben Region der Welt wird 1954 der Indochina-Krieg enden, Frankreichs vergeblicher Versuch, seine dortigen Kolonien zu erhalten. Das Machtvakuum im neuen Staat Südvietnam füllen die USA aus. Manches der Kinder auf diesem Foto wird vielleicht 15 Jahre später gegen den Vietnam-Krieg demonstrieren…